SONGS 365
詩365篇

Japanese Edition

**Translated by
Mary Paola
Stean Anthony**

YAMAGUCHI SHOTEN, KYOTO

Words on the cover from:
Yours is the day and yours also the night;
You established the moon (Heb. light) and the sun.
あなたは、太陽と光を放つ物を備えられました。
昼はあなたのもの、そして夜もあなたのものです。

(Psalm 74.16 新共同訳)

Illustration of David
© 2010 Stean Anthony

Hear my voice at:
<http://www35.tok2.com/home/stean2/>

Songs 365 Japanese Edition
© 2018 Stean Anthony
PRINTED IN JAPAN

Preface

This book is a sequence of poems based on the Book of Psalms, with a few poems from other sources. It is part of my series of books promoting dialogue between faiths for better understanding and peace. In particular, the series began with a prayer for greater trust and understanding between Islam and the Church, and I have made this anthology with that purpose in mind – peace in Jerusalem.

If you have no faith in God, you may read the word God (or equivalent phrases), as meaning "the greatest good" – which can be found in the hearts and minds of all. I remember the example of Mahatma Gandhi (a Hindu), who dedicated his life to God.

You may read certain words metaphorically. "Zion," for example, the old name for Jerusalem, also points to other things (House of God, heaven, sanctification). The word "Israel" in the psalms refers to all the people of God, the Jews first, then Christians, Muslims and others. "Children of Abraham" has a similar meaning.

In these poems I have omitted words of hostility. We don't need such words in our prayers today. Love what's good, and love one another better.

1

水路の傍(そば)の
オリーブのように
時が来ると実を結び
その葉は枯れない
あなたは栄える

Ps 1

2

天の神は
地上の力の
愚かさを笑う
見よ これが真(まこと)の王
シオンに立てた

Ps 2

3

神よ 私の盾
私の頭を高く上げる
傷つける者を
恐れず
恐れなく目覚める

Ps 3

4

喜びは心に
収穫の時の
穀物やワインより大きい
私は身を横たえ
平安の内に眠る

Ps 4

5

私の言葉を聞いて下さい
私のため息を
夜明けにあなたに叫ぶ
祈りは聞かれた
主よ　私は喜ぶ

Ps 5

6

主よ 私を叱らないで
悲しみで苦しむから
怒りを取りのぞけ
骨は粉々に砕ける
早く私を癒して 主よ

Ps 6

7

寝床で涙
枕を濡らす
主よ
目は衰え
自らが敵

Ps 6

8

優(やさ)しくない思いは
火の矢のように
私に返る
怒りの穴に落ちる
獅子(しし)が私を引き裂く

Ps 7

9

正義のゆえに
主に感謝をささげ
御名を
誉め歌う
いと高き主よ

Ps 7

10

幼な子の声
天国に届く
主よ 我が神
御名は尊く
全地にわたる

Ps 8

11

大空を見あげる
あなたの指のわざ
砂漠の空の星
我は何者か
これほど愛された

Ps 8

12

天使より
一段下に造られ
地は我の住みか
我は　なぜ
これほど愛された

Ps 8

13

心をつくし感謝します
主よ
手を差し伸べて
もっとも貧しい町の
苦難を忘れず

Ps 9

14

主よ 困難のとき
いてください
私たちはみなしご
あなたの愛で
守ってください

Ps 10

15

確かな基(もとい)
聖なる宮
天の王座からくる
注がれる
温(あたた)かいまなざし

Ps 11

16

神の言葉は
純粋(じゅんすい)な銀
七たび
精錬(せいれん)された
金にもまさる

Ps 12

17

いつまでか
永久(えいきゅう)に私を忘れたか
来る日も来る日も
悲しみが私を負かす
暗闇は敵

Ps 13

18

愚か者は言う
神はいない
主は見わたす
賢い者はだれか
見定め

Ps 14

19

聖なる山に住むのは誰か
真実を語り
悪口も言わず
命を害(がい)しない
あなたはそこに住む

Ps 15

20

私の心は喜び
私の魂は楽しむ
あなたは
私を見捨てず
いのちの道を導く

Ps 16

21

火によって試された
良いことを望んだのに
あなたの愛を私に示し
瞳(ひとみ)のように
見守ってください

Ps 17

22

主よ あなたを愛します
私の力
私の岩
私の救い
私の避けどころ

Ps 18

23

死が私を押し倒し
大水(おおみず)が私をのみ込む
黄泉(よみ)の鎖が
きつく巻きつき
苦しみの中から叫ぶ

Ps 18

24

主はケルブにのって飛び
風の上に翼でこられ
暗闇を覆い
稲妻(いなずま)が走る
雷鳴(かみなり)で語る

Ps 18

25

主よ
わが神よ
私のともしびを
ともしてくださる
暗闇を照らす

Ps 18

26

天は神の栄光を語り
大空は証[あか]す
地の果てまで
その声が
聞かれない日はない

Ps 19

27

天に太陽の幕屋
立ち上がる花婿
走り出す勇士
天の輝き
その愛はすべて照らす

Ps 19

28

ミツバチの巣の
蜜よりも甘く
純金よりもまばゆい
善の道は
真実の道

Ps 19

29

私の口の言葉
心の思い
あなたにふさわしく
主よ
わが岩　贖(あがな)い主

Ps 19

30

主よ　望みをかなえて
良い心が通じるように
私たちは喜びに叫ぶ
勝利だ
あなたの愛する者

Ps 20

31

我らに祝福を
頭に冠をのせ
幸せの長い日々
とこしえの日々
我らに祝福を

Ps 21

32

主よ　主よ
なぜ
私を見捨てた
なぜ
遠く離れ去った

Ps 22

33

私は虫けら
皆に軽蔑(けいべつ)され
あざけられ
神を信じるなら
神は救うでしょう

Ps 22

34

命は注(そそ)ぎ出され
骨は痛み
のどは渇き
心臓は止まる
彼らは私の手足を引き裂く

Ps 22

35

犬の歯から
鋭い剣から
引き裂くライオンから
突き刺す角から
すぐに現れる　あなたの救い

Ps 22

36

主は国々の王
王国は主のもの
すべての世界
主に帰ってゆく
礼拝し　敬う

Ps 22

37

主は羊飼い
乏(とぼ)しいものは無い
緑の牧場
憩(いこ)いの水のほとり
私の魂はよみがえる

Ps 23

38

あなたは私を善に導く
御名のつづりを解き明かす
暗い谷間も
恐れずに歩む
あなたが共にいる

Ps 23

39

主の牧杖が導く
主の杖が助ける
整えられた食卓で
頭に香油をいただき
杯はあふれる

Ps 23

40

あなたの善と
慈しみが
私を追う
私の命の
あるかぎり

Ps 23

41

門を大きく開き
扉をあけよ
栄光の王が入る
王とは誰か
全能の神　万物の王

Ps 24

42

主よ 私の魂は
あなたを仰ぎ
あなたに信頼する
恥を見せず
若い時の罪を許して

Ps 25

43

私の手は無垢に輝き
祭壇を巡り歩む
感謝の心で祈り
聖なる神殿を愛する
あなたが示した愛を言う

Ps 26

44

祈りの言葉
害悪から遠い
主の家に
私は住む
命あるかぎり

Ps 27

45

確かに知っている
神の赦しを
私は感じる
勇気を得て
待ち望む

Ps 27

46

主は
私の光
私の救い
主は命の砦(とりで)
誰を恐れよう

Ps 27

47

主よ　あなたに叫ぶ
聖なる幕屋に
手を伸ばす
祈りは聞かれた
私の心は歓び踊る

Ps 28

48

光が闇を打ち砕く
巨大な杉を飛び越え
砂漠は雨に覆われ
雷鳴の中
主の声がとどろく

Ps 29

49

聖徒たちよ　主をほめ歌え
主の怒りはつかの間
愛はいつも私たちの上に
嘆きは踊りにかわり
歓びの帯を巻く

Ps 30

50

主よ 早く来て
隣人が私を軽蔑し
友人は去って行き
死人のように忘れられ
壊れた器のよう

Ps 31

51

主よ　早く来て
傷つける言葉
恐れに囲まれ
命を奪う企て
この闇を照らし明かし

Ps 31

52

幸いである
あなたは赦された
幸いである
悪は去った
もはや心に闇はない

Ps 32

53

歌え 彼の愛は尽きない
言葉によって天は造られ
息吹は空を星で満たし
水は大海(おおうみ)に集まる
彼が語るとすべてある

Ps 33

54

希望を持って待つ
主は助け
与えられた慈しみ
聖名(せいな)をほめまつれ
心よ喜べ

Ps 33

55

子らよ　聞きなさい
告げるよ
主は憐れみ
顔を向け
善に輝く

Ps 34

56

主の御使いよ
清めて
憎(にく)しみの思いを
風の前のもみ殻(がら)に
心は愛

Ps 35

57

主よ いつまで
穴に落ち
暗い幻
激怒(げきど)の言葉は
命を打ち砕く

Ps 35

58

あざけりの言葉
憎(にく)しみの世
どうやって生きる
耐えられない
主よ いつまで

Ps 35

59

主よ　目を覚まして
立ち上がり
私を弁護して
見よ　主の前に立つ
善の言葉をください

Ps 35

60

あなたの愛は天にかかる
あなたの真実は深い海
全てのいのちは
守られる
主の翼(つばさ)の陰に

Ps 36

61

あなたの川
いのちの泉
癒(いや)しである
光である
輝く空に

Ps 36

62

いつも愛してください
あなたの言葉に従う
高慢(こうまん)を取りのぞき
不親切な思いを消し
いつもあなたを愛させて

Ps 36

63

主に信頼し
善の示しを受け
良いことを行え
祈りを喜び
すべては善

Ps 37

私は主を見つける
彼は私の人生にある
日が昇り
光が家を満たす
翳(かげ)りのない真昼の明るさ

Ps 37

65

しばらく待って
なんと難しい
悪い考えが消え
怒(いか)りが去るのを
待って

Ps 37

66

愛に導かれ
歩む者
つまずくだろう
けれど倒れない
愛があなたの手を取る

Ps 37

67

子どもにパンを与えよ
知恵のパン
すべての子どもに
愛し合いのパン
ひとりも除(のぞ)かず

Ps 37

68

怒りの手
受難(じゅなん)の矢
端(はし)に立つ
私の世界は混乱し
耐える力がない

Ps 38

69

思い悩む心
黙ってごらん
静かにして
希望をもって
けれど苦しみが溢れる

Ps 39

70

弱々しい手
限られた日
胸　深く
息を吸う
主よ　命は短い

Ps 39

71

焼き尽くされたものは
求められなかった
ただ歌のみ
大声で歌う
愛してくれて　感謝

Ps 40

72

兄弟姉妹とともに
言わせて
神を喜べ
神は偉大
ほめ讃(たた)えよ

Ps 40

73

幸いである
弱い者を思いやる人
貧しい者のために祈る人
幸いである
あなたは守られる

Ps 41

74

主をほめ讃(たた)えよ
イスラエルとエジプト
アディスアベバ
ローマとロンドンの神
神に感謝永遠に　アーメン

Ps 41

75

岩場の坂の上
暑い昼
魂は逃げ去る
渇いた鹿のように
あなたの愛はどこに

Ps 42

76

わが魂よ　なぜそんなに悲しい
なぜそんなに暗く寂しいのか
光が再び来るのを待ち
神に祈れ
あなたは失われない

Ps 42

77

とどろき落ちる
滝(たき)の中
神の声が聞こえる
何度も何度も
波は水際(みずぎわ)に砕(くだ)ける

Ps 42

78

わが魂よ　なぜそんなに暗い
なぜそんなに悲しく寂しい
光が再び来るのを待ち
神に希望
あなたは失われない

Ps 43

聖なる岩
大昔の墓
私の読む巻物
私に言う
すべてを愛に与え

Ps 44

80

華やかな娘
織物には金の糸
衣には鶴
太陽　月　星
わが愛する者よ　王座に

Ps 45

81

神は私たちの助け
私たちの避けどころ
何を恐れようか
たとえ地が揺るぎ
山が崩れても

Ps 46

82

国々が崩れ
帝国が消え
あなたは共にいる
強い都市
壁は光

Ps 46

83

手を打ち鳴らせ
すべての民よ
喜びの声
神をほめ歌え
銀のラッパを鳴らせ

Ps 47

84

エルサレムをひとまわり
神がおられる所で祈る
生まれの苦しみに
砕かれた
人々が癒(いや)される

Ps 48

85

すべてはたとえ話
年老いた時
ためた金で
天国への翼が
買えるのか

Ps 49

86

知恵を授けて
金をくれようとするとき
正直で無垢な心を
私は選ぶと
答えるために

Ps 49

87

愛との約束
私はあなたを呼ぶ
日の昇る時から
日の沈む時まで
日の中　雨の中　あなたを呼ぶ

Ps 50

88

聞け
わたしは語る
イスラエルの民よ
わたしは神
あなたの神

Ps 50

89

悲しみの今感謝します　主よ
あの間違い
人に苦しみを与えた
今　悔やんでいる
天国への道案内になる

Ps 51

私の犠牲(いけにえ)
砕かれた魂
砕かれ悔(く)いた心
神は
私を受け入れる

Ps 51

91

愛の慈しみ
雪よりも白く
悪から清めて
強く 純粋に
歌に声 高らかに

Ps 51

92

あなたをほめたえる
憎(にく)しみの言葉を
根こそぎに
私は神の家の
オリーブの木になる

Ps 52

93

愚か者は言う
神はいない
賄賂を受け取り
満足する
アフリカに救いを

Ps 53

94

考えることはすべて
私に立ち向かってくる
失敗は命を奪うと
神はわたしの助け
暗闇を光にかえる

Ps 54

鳩のように
翼があったなら
遠くへ飛んでゆく
荒れ野で
巣をつくる

Ps 55

私の愛した　あなたが
親愛なる友
あなたといると安らげたのに
あなたが
私を暗闇に導くのか

Ps 55

97

どこからでも彼らは攻めてくる
窓から扉から
わたしに飛びかかる
何も信頼できないという
主よ あなたを責めている

Ps 56

98

私は誓いを立てる
これは私の捧(ささ)げもの
安堵(あんど)があふれてくる
恵みの雨のように
私は光の中　御前(みまえ)を歩(あゆ)む

Ps 56

99

門を通って
太陽の下へ
砂の上の血
ひどく痩(や)せた
二頭のライオン

Ps 57

100

あなたの愛は私の上に
私の心は揺るがない
栄光はあなたに
私は歌いながら
前に進む

Ps 57

101

つむじ風に吹き払われ
激しい痛みの中
私は水のように流れ
溶けて消え失せる
光の中再び立ち上がる

Ps 58

102

神よ 私の祈りを聞いて
人々のために祈る
正義を与えて
あなたの憐れみによって
平和を与えてください

Ps 58

103

犬のように餌(えさ)をあさり
町をうろつく
彼らは私を取り囲む
うなり声　牙(きば)の言葉
魂まで噛(か)み裂(さ)く

Ps 59

104

暗闇の陰
けれど私は歌う
朝明けのあなたの愛
私は再び安穏(あんのん)
太陽が丘を昇る

Ps 59

105

引き裂かれ
壁は崩れ落ち
通りには誰もいない
塔は倒れた
神の都を再び興せ

Ps 60

106

先導者に力
あなたの恵み
知恵を与え
愛とともに守られ
主によって彼女を選んだ

Ps 61

107

あなたは私の塔
主の幕屋に住む
あなたといれば安全
翼に覆(おお)われ
主よ あなたのもの

Ps 61

108

人間は吐息(といき)
権威は幻想(げんそう)
空気よりも軽い
この力強い腕が
我々を救う

Ps 62

109

いつもここにいる
あなたに力がある
愛は絶えない
善に生きる者は
報(むく)いられる

Ps 62

110

神よ
あなたは私の神
朝早くあなたを求める
水のない砂漠で
魂はあなたに渇(かわ)く

Ps 63

111

困難な夜
救いの曙(あけぼの)
あなたの愛は
命 だから
魂は歌う

Ps 63

あなたはいないと言う
悪意から守って
残酷な否定に
強く立ち向かわせて
愛はある

Ps 64

113

野生の花が野を覆(おお)う
遠くの丘には杉
川に沿った
庭は
果物で満ちあふれる

Ps 65

114

あなたに感謝
収穫だ
稲の実り
麦とモロコシ
ともに歓び

Ps 65

115

歓び歌え
すずらん
思い出した
小さな白い鐘
良い香りに満ちた庭

Ps 66

116

渚を歩く
濡れた砂の波
火と水を通って
我々を自由に導いた
歓び歌え

Ps 66

117

すべての命が感謝する
野はふたたび黄金色(こがねいろ)
すべての人が喜び
麦は集められた
神の祝福はあなたに

Ps 67

118

風が煙を散らす
視界(しかい)は晴れ
ロウは炎にとけ
七本の白いろうそく
祈りが立つ

Ps 68

119

神に向かって歌え
御名をほめ歌え
雲に乗る方
みなしごの父
ヤーの名でほめたたえよ

Ps 68

120

聖なる行列
歌う者が先に
楽団(がくだん)が続き
乙女らが踊る
私も踊らせて

Ps 68

121

大空の声
宮におられる神
手の届かない星
計(はか)り知れない銀河
聖なる地球

Ps 68

122

口元まで
塩水が上がった
のどは渇いた
私は力を失う
神よ　助けて

Ps 69

123

異邦人は家を遠く離れ
軽蔑され侮辱される
あなたの愛を
熱望する
嘲りは永遠か

Ps 69

124

苦しませた
慰(なぐさ)めはなかった
苦い食べ物
酢(す)が飲み物
憎(にく)む者を許そう

Ps 69

125

苦しみが魂を求め
困惑(こんわく)がしゃべりだす
急いでください　主よ
救い出して
愛する　愛を歓ぶ

Ps 70

あなたは私とともに歩んだ
母の胎にいる時から
ある者は私を
間違いだという
あなたは私の美しさを知っている

Ps 71

127

年老いた時も
見捨てないで
手足は痛み
視界は暗い
この闘いに私とともに

Ps 71

再び私を救い上げて
琵琶(びわ)をもって歌い
琴(かな)を奏でる
この水の深みから
再び引き上げて

Ps 71

129

野に降る雨のように
太陽や月のように
大海(おおうみ)のように
弱き人に憐みを
苦しむものに愛を

Ps 72

130

王に万歳
シェバからの黄金
没薬と乳香
彼にささげられ
いつまでも神に祝福

Ps 72

131

主に祝福
イスラエルの神
御名を永遠にほめたたえ
創造物は栄光に満ち
神をほめたたえよ　アーメン

Ps 72

132

彼らの幸せをねたみ
彼らの富を欲する
高慢が導き
細かいことまで説明
どれほど快いものか
<small>こころよ</small>

Ps 73

133

高慢が導き
世界を説明する
これが事実だ
人々は聞き そして言う
神はいない

Ps 73

134

滅びの坂
すべりながら

幻の夢が
人生

Ps 73

135

私の手を取る
あなたの知恵は良い
あなたから力が来る
本を手に入れ
また進む

Ps 73

136

時は復讐
聖壇にやってきた
知識の巻物と
天国への地図を
奪い去った

Ps 74

137

昼はあなたのもの
夜もあなたのもの
太陽と月
地の境(さかい)までも
夏と冬もすべて造った

Ps 74

138

主よ　約束を思い起こし
私たちを忘れないで
悲しみに押し潰(つぶ)され
主よ　立ち上がり
虹を天高く

Ps 74

139

闘いに閉じ込められた
雄牛(おうし)の角
門の前で鳴り響く角笛(つのぶえ)
金文字が刻(きざ)まれた角
神は地を裁く

Ps 75

140

聖壇の杯は
苦くはない
真実の酒
すべての人が飲める
神の愛はあなたを癒す

Ps 75

141

彼女は弓を折り
槍(やり)を折った
地雷を掘り起こし
爆弾(ばくだん)を壊した
われらに平和を

Ps 76

142

苦難の日に
あなたの思いを
その時に置き
愛はあなたの手を
持っていった

Ps 77

143

いつも私は拒絶されるのか
私に憐みはないのか
私を愛する者はいないのか
神の約束は消えたのか
神は永遠に忘れたのか

Ps 77

144

苦難の日に
神の成すことを告げる
奇蹟(きせき)をもたらす神
人の心に
天国の光

Ps 77

145

嵐の中から声がする
稲妻が暗闇(くらやみ)を裂く
大海は震えて消える
雷が大空を駆(か)ける
銀の道を歩く

Ps 77

146

わたしの子らよ
私の教えを聞き
この言葉に耳をかたむけよ
わたしはたとえで話す
夜明けの時から隠された秘密

Ps 78

147

わたしの子らよ
私の教えを聞け
数えきれない世代が
生き そして死んだ
まだ十分に愛していない

Ps 78

148

海が分かれ歩いて通った
彼は我らを導いた
昼は雲で　夜は火の柱で
砂漠で岩を砕(くだ)き
清い水を湧(わ)き出させた

Ps 78

149

彼の命令で天は降らせた
マナと呼ばれる
奇妙なパン
馬鹿者たちよ
まだわからないのか

Ps 78

150

夢の中
苦労の内
彼らを導く
聖なる地まで
互いに愛して　生きよ

Ps 78

151

聖名をほめたたえよ
彼は聖所を建てた
日の光の中
ダビデを選んだ
われらの牧者

Ps 78

152

ラーを略奪し
シオンを破壊し
モスクを押し潰し
彫像を壊し
寺や社を焼き払った

Ps 79

153

いつまでですか　主よ
永遠に拒絶するのですか
あなたの怒りは
いつも火のようですか
死にゆく我らを守って

Ps 79

154

もう一度
垣にぶどうを這(は)わせて
私たちは川辺を歩く
秋の日の光の中
緑の房は甘く

Ps 80

155

砂漠の空に三日月が昇る
歓び歌え　我らの力の神に
三日月に向かって
ひとの声のように
トランペットを吹き鳴らせ

Ps 81

156

まだ砂漠にいる
互いに責める
この辛(つら)い場所
お前は正しくない
岩を打ち　水を流せ

Ps 81

157

富と快楽の座
彼らは
力を奪った
愛のない支配
我らの人生は苦労

Ps 82

158

焼けた大地の上に
麦は落ち
もみ殻(がら)は吹き飛ばされる
火が燃える
愛の言葉は耐える

Ps 83

159

雀(すずめ)は住みかに
燕(つばめ)は巣(す)に
この聖壇のそば
主よ　彼らに祝福を
あなたの家に住む者に

Ps 84

160

あなたに祝福を
その強さは神のもの
谷間を通ってゆく者が
真実の泉を
見つける

Ps 84

161

エジプトの王座の
一年
神殿の庭にいる
一日
どちらが善い

Ps 84

162

天から声がする
愛と真(まこと)が会い
正義と平和が口づけ
輝く水の泉のように
真理は地から湧(わ)き上がる

Ps 85

163

彼女はあなたのはしため
忠実で良き者
私は彼女の子
主よ　私を顧(かえり)みて
彼女のため私を憐れんで

Ps 86

164

すべての心で
あなたを讃(たた)える
あなたの愛
黄泉(よみ)の暗闇から
引き上げた

Ps 86

165

最初から
最後まで
シオンは立つ
だれが知ろうか
神の御心

Ps 87

166

神はその場所を愛する
山に建てられた
もう少しで行く
切符を手に
その切符は愛を学ばせ

Ps 87

167

主なる神よ　私は叫ぶ
今すぐ助けて
体はつかまった
ひどい病気に
手足は落ちた

Ps 88

168

主なる神よ　私は叫ぶ
どこからか
氷のこぶし
脳をつかんだ
動けない

Ps 88

主なる神よ　私は叫ぶ
すべての愛しい者
一番良いもの
愛したすべての物
消え去ってゆく

Ps 88

170

主なる神よ　私は叫ぶ
虫に食われる
私自身を見た
地が重くのしかかり
人生は暗闇の中だった

Ps 88

171

あなたの愛は回復させ
あなたの愛は自由を与える
墓から出し
再び私を引き上げる
光がもう一度現れる

Ps 89

172

あなたは約束した
しもべダビデに
確かにした
今日(こんにち)でさえ
我らは彼の子と呼ばれる

Ps 89

173

幸いだ
主を知る者
光の中を歩む者
彼の名をほめたたえる
イスラエルの聖なる者

Ps 89

174

神と比べる者はあろうか
あなたのような者はあろうか
天の国はあなたのもの
地はあなたのもの
丸い地球とその礎(いしずえ)

Ps 89

175

愛する優しさは絶えない
ピーター　ジム　ジョン
メアリー　リズ　サル
彼らは善の太陽
空に輝く忠実な月

Ps 89

176

何が起こっても覚えていて
この愛をあなたから奪わない
何が起こっても
わたしはいつもここにいる
今でも愛している

Ps 89

177

主よ いつまで
あなた自身を永遠に隠すのか
私の人生は短く か弱い
黄泉(よみ)から再び引き上げて
聖なる者 アーメンアーメン

Ps 89

178

主よ あなたは私の住みか
あなたはいつもそうでした
山が生まれる前から
あなたは永遠に続く神
すべてが終わる時まで

Ps 90

179

千年は
一日のごとく過ぎ去り
忘れ去られた夢
草はすぐに生(は)え
花が咲き 枯れる

Ps 90

180

善を行う日々を数えるように
知恵によって歩むように助けて
再び我らに戻ってきて
いますぐに憐みをもって
その憐みを人生つねに歓ぶ

Ps 90

181

あなたのため御使いを送った
悪い事は起こらず
あなたを引き上げ
すべての道を守る
憎しみをかかとで踏み潰(つぶ)す

Ps 91

182

神を愛する
我らの救い
互いを愛する
神の御名によって
我らの贖(あがな)い

Ps 91

183

早朝(そうちょう)のよろこび
街は静か
新緑(しんりょく)の木々
車のない道
宮の階段に座り祈る

Ps 92

184

雲が開くように
すべての間違いは
正しく変わった
お日様が
人生を照らしている

Ps 92

185

あなたではなかった
という愚かな者
千の変装(へんそう)によって
物語る　隠された
あなたの愛

Ps 92

186

岸を打つ白い波
寄せる波は引き
神は碧(みどり)の水をまとい
大海は歌う
愛は永遠

Ps 93

187

この貪欲から
私を救う者は誰
持つべきでないものを
いつも
欲しがる

Ps 94

188

助けて
私は落ちてゆく
あなたの愛が私を掴んだ
思いの渦の中
あなたは岩

Ps 94

主に向かって歌え
歓びの歌
感謝をもって
御前に進みゆき
歓喜の詩を歌え

Ps 95

190

デジタルスクリーン
私たちの真下(ました)で回る
地球の青い縁(ふち)
逆さまにひざまずき
私は祈る

Ps 95

191

音もなく回転する
地球をまわる
聞こえるぞ
神の声
愛せよ

Ps 95

192

主に歌え
新しい歌を
主に歌え
御名をほめたたえ
その栄光を日々告げよ

Ps 96

193

深い祈りにふけり
感謝を述べよ
聖なる者がおられる
歓びと畏れ
　　おそ
強い光が私の前に

Ps 96

194

嵐の雲から
火が放たれる
稲妻が地を打つ
山々は粉々に砕ける
世界は見て震える

Ps 97

195

新たな歌　主に歌え
濱菊よ　太陽だ
山茶花よ　月のよう
そよ風のように　萩踊れ
すすきよ　歓びなさい

Ps 98

196

突然音楽を鳴らせ
音の波が
手をたたく
サウンドファイルよ
歓び歌え

Ps 98

サルウィン川　神を拝み
滝よ　大声でほめたたえ
浅瀬　速く走れ
祈りの川
互いに愛し合い

Ps 98

198

この光があった
時が始まる前に
我らは知ることも
理解もできない
神は聖なり

Ps 99

199

燃えない火の中から
彼の声が
ホレブ山で聞かれた
我らは知る
神は聖なり

Ps 99

200

歓び歌え
喜びたたえよ
すべての地
幸せな心
うたえ

Ps 100

201

全地よ
主に喜びなさい
歓びをもって主に仕え
御前に進め
歌いながら

Ps 100

202

真実を知る
彼は我らの神
我らを造った
我らではなく
彼の民である

Ps 100

神に感謝
御名をほめたたえよ
あなたは慈しみ
愛は現実
真実は永遠

Ps 100

204

主は善である
慈しみは永遠
門に入れ
真実は
代々(よよ)に及ぶ

Ps 100

205

私は潔白(けっぱく)でありたい
静かに祈りたい
けれど気づく
心は怒りに
震えている

Ps 101

206

砂漠では
皮と骨ばかり
ふくろうのよう
住む場所もない
獲物(えもの)もない

Ps 102

207

食べ物は灰
飲み物は涙
あなたに見捨てられ
夕方の影のように
人生が終わってゆく

Ps 102

208

着物のように
突然振るい払われ
一瞬にして
銀河は
変わる

Ps 102

209

主よ どうすれば
彼らは憐れむ
憎しみは
古代の都市の石を
砕いた

Ps 102

210

わが魂よ　主をほめたたえよ
聖なる名をほめたたえ
神の祝福を忘れないで
わが内なるもの全て
聖なる名をほめたたえよ

Ps 103

211

ワシのように舞い上がり
上昇気流に乗る
わが翼の下
地に祝福を
エレイソン　エレイソン

Ps 103

212

この塵(ちり)から
どのように造られたか
愛そうとする人だけでなく
どのように愛すると
神の本に書かれてくる

Ps 103

213

長い雨の後
草は伸び
花が咲き
乾いた風が
吹き払う

Ps 103

214

すべての御使い
天の国の軍
我らの上の全ての聖人
我が魂
主をほめたたえよ

Ps 103

215

光をまとい
空は
幕のよう
わが魂よ
主をほめたたえよ

Ps 104

216

荒れ野から放たれた
激しい水の流れ
森を抜ける
岩の間
橋の下

Ps 104

217

鳩は
岩の上に止まり
雀は
群れたり散ったり
うぐいすが歌う

Ps 104

218

サギは枝の上
ツルは風に乗り
秋の空に
雁が鳴き
白いワシは南

Ps 104

219

秋の川の流れ
黒い熊が
浅瀬で水しぶき
南では
亀が砂を掘り上げる

Ps 104

220

我が霊は
暗い谷から
高地に跳ね上がる
アジアのライオン
アフリカのライオン

Ps 104

221

息は途切れ
沈黙に沈み
我らは塵に帰る
肺をふくらませる
命で　神よ

Ps 104

主に歌おう
命の限り　私は歌う
生きている間
声があっても無くても
私は歌う

Ps 104

223

モーセが岩をたたく
水流(すいりゅう)がほとばしる
水は冷たく甘く
我らは奇蹟(きせき)のそばで休む
しばらくの間

Ps 105

主に感謝をささげ
御名を唱える
我らを捕(と)らわれから連れ出す
峰から
地は開かれた本のように横たわる

Ps 105

225

主よ 私をかえりみて
恩恵(おんけい)によって
救いを私に与えて
選ばれた人のように
幸いを見て歓ぶ

Ps 106

226

私は頑固(がんこ)な民
神の言葉から
顔をそむける
彼は言う　辛抱(しんぼう)して
互いにもっと愛しなさい

Ps 106

主よ　我らを助けて
散らされた民
散らされた教会
千の千の部族を
ひとつの家族に

Ps 106

228

嘆きのあまり
我らは神に叫ぶ
高みから
我らを救う
苦難の鎖を断ち切る

Ps 107

229

病にかかり
死の布に包まれる
高みから
我らを救う
我らを癒す御言葉を送る

Ps 107

230

山のような波
深い淵
我らは神に叫ぶ
我らを救う
彼の声に凪になった

Ps 107

231

主に感謝
絶えない愛のため
牢の壁
青銅(せいどう)の門
錠(じょう)さえ砕かれた

Ps 107

232

　　や　ま　と
大和の丘の上に
あけぼのの光を見る
わたしは
神よ　あなたに
この歌を歌う

Ps 108

233

怒りに彼らを呪う
彼らの悪意を
三倍返しに
主よ 私に赦しを
私が間違っていた

Ps 109

234

恥を着せられ
心は混乱する
失意(しつい)の人を
払いのけ
貧しい人を拒絶した

Ps 109

235

乾いた草のバッタ
鳴かないセミの
歌になった
影のように
消え去る

Ps 109

236

主よ 私に祝福を
知らせてください
それはあなただと
私を力づけ
暗闇を照らす

Ps 109

主はあなたに言う
私の右に
座りなさい
憐みをもって
愛の王国を治めよ

Ps 110

238

聖なる輝きの中
王子が生まれる
明けの明星(みょうじょう)のように
朝の光の中
明るく輝く

Ps 110

239

神は言った
それは揺るがない
あなたは永遠に
世界の祭司長
アルファとオメガ

Ps 110

240

いま宣言する
そして魂から歌う
まことに神の愛
その愛によって
日々歌う

Ps 111

241

彼は救いを与えた
彼の民に
彼の契約は
永遠に続く
御名は聖なり

Ps 111

242

神を尊(とうと)ぶとき
あなたは幸いだ
あなたの光は憐れみに輝く
貧しい人を助けるとき
愛は真実

Ps 112

243

傷つける言葉
恐れの思い
悩みの心
神の愛に
あなたは守られる

Ps 112

244

カーテンを開け放て
日が昇る所から
沈む所まで
天を仰ぎ見て
主をほめたたえよ

Ps 113

245

言えましょう
神は奇蹟(きせき)を起こした
女を見よ
かつて奴隷だった
今　民を導く

Ps 113

246

砂漠の小川のように
私の言葉は渇いた
神を賛美せよ
若き川のように
地を潤_{うるお}す

Ps 114

247

なぜ　山々は
アイベックスのように
跳ねるのか
なぜ　丘は子羊のように
飛び跳ねるのか

Ps 114

248

ファラオは
我らを奴隷にした
ファーストネイション
あなたは愛を教えた
だから我らはついてゆく

Ps 114

249

私たちにではなく
私にでもなく
ノンノォウビス ドンミネ
あなたに栄光をささげる
愛の憐れみと真実

Ps 115

250

造られた物事は
すべて神の業
我らの言葉
話　考え
人生も全て神のもの

Ps 115

251

私は主を愛する
あなたは私の声を聞き
私の叫びを聞く
私に耳を傾ける
生きる限り　祈り求める

Ps 116

252

死の綱が
私を
きつく縛り上げた
神に祈った
鎖が外れた

Ps 116

253

誰が与えるのか
家族を癒す力を
この新しい装置
見えない目に
人生を与える

Ps 116

254

主の
目に
聖徒の
死は
尊い

Ps 116

255

主をほめ讃(たた)えよ
すべての民
彼の慈しみを知り
神を愛せ
互いにもっと愛せよ

Ps 117

256

憎しみの網(あみ)は
打ち破られる
恐れるな
人のわざを
神は我らと共に

Ps 118

257

虻(あぶ)のような考え
平安を乱(みだ)す
とげの小枝の束(たば)
私はつかみ
空に向かって焼き払う

Ps 118

258

私は死なない
生きて
語ろう
神の善
その慈しみは永遠

Ps 118

259

彼らの捨てた石が
親石となった
これは神のわざ
驚くべき
奇蹟

Ps 118

260

今日
この日は
主が造られた
この日を
楽しもう

Ps 118

261

ベネディクトゥス
あなたは幸い
神からもたらされた
救いの言葉
ホザンナ！

Ps 118

262

神の光
我らを照らす
愛の犠牲(いけにえ)
祭壇に縛(しば)る
立って祈る

Ps 118

アレフ א
幸いな者
人生は善いもの
神に従い
愛を実現する

Ps 119 verse 1

264

ベト　コ
ほめたたえよ　主を
あなたの掟(おきて)を教えて
私は繰り返して言う
あなたが教えた愛

Ps 119 verse 2

ギメル ג
私の目をひらけ
教えがわかるように
御言葉の美しさ
魂は切望(せつぼう)する

Ps 119 verse 3

266

ダレト 7
悲しみと嘆きが押し潰す
御言葉で私を支えて
信仰深くする
自由な心を歓ぶ

Ps 119 verse 4

267

ヘー　ה
掟の道を歩ませて
わがままな願い
やめさせて
赦しと愛を教えて

Ps 119 verse 5

268

ヴァーウ　ן
あなたの慈しみが私とともに
御言葉によって
新しい自由を得る
あなたの愛について語る時

Ps 119 verse 6

ザイン ♪
御言葉を歌った
この巡礼(じゅんれい)の間
夜　あなたに願った
あなたはそばにいた

Ps 119 verse 7

ヘート ח
真夜中　起き上がり感謝した
　まよなか
暗闇の中　御言葉は光
理解を与えた
全ての存在はあなたの愛

Ps 119 verse 8

271

テート　ט
あなたの憐れみによって
知恵を授かる
金や銀の衣より
あなたの言葉は勝(まさ)る

Ps 119 verse 9

272

ヨード 〵
御手が私を造り
理解を与える
あなたの掟を教え
私に憐みを与えて

Ps 119 verse 10

カーフ　כ
煙の中の革袋のような
私の魂は救いを待ち望む
力は衰(おとろ)えた
御言葉に希望を置く

Ps 119 verse 11

274

ラーメド　ל
完璧は地上にない
御言葉は自由
天国のごとく
永遠に立つ

Ps 119 verse 12

メーム　מ
御言葉は私に甘い
蜂蜜より甘い
教えを愛し
一日中それを考える

Ps 119 verse 13

ヌーン 】
御言葉は足元のあかり
道の光
私は誓った 確かにそれを
愛によって生きてゆく

Ps 119 verse 14

サーメク　ס
憎み苦しむ心よ　消え去れ
避け所である神に向かう
御言葉に希望
教えを愛する

Ps 119 verse 15

アイン　ע
主よ　力をあらわして
彼らは御言葉を捨てた
純金より勝る
愛する掟

Ps 119 verse 16

ペー　פ
私を照らして　主よ
慈しみを与えて
御言葉が語られると
心は光に満ちる

Ps 119 verse 17

ツァーデ צ
私は嫌(きら)われ軽蔑(けいべつ)される
けれど御言葉を愛する
神よ あなたの優しさは
私に命を与える

Ps 119 verse 18

コーフ ק
朝早く起きて
讃美歌をうたう
そばにいてください
あなたの愛は真実

Ps 119 verse 19

282

レーシュ ｒ
思いがあった
その思いは嘘だった
私を真実へ導いて
愛の言葉を見つける

Ps 119 verse 20

シーン ש
一日七回あなたに祈る
御言葉は真実
心は平安に満ち
愛は思いを満たす

Ps 119 verse 21

284

ターフ ♪
唇は賛美を語り
舌は言葉をうたう
心は神の愛を喜ぶ
魂は新しい命を歓ぶ

Ps 119 verse 22

285

どうやって生きるか
憎む者の天幕の内で
私は愛のためにある
私が話すと
彼らは破壊(はかい)を叫ぶ

Ps 120

286

シオンで夢に襲われ
山に向かって目を上げる
私の助けはどこから来る
助けは神から来る
天と地の造り主

Ps 121

287

彼はあなたを見守っている
足は揺るがない
彼は眠らない
昼も日は　あなたを打たない
夜も月は　あなたを打たない

Ps 121

288

神の家に行こう
彼女が言い　私は喜んだ
私たちの足は
神殿の庭に立っている
ともに祈る　あなたに平安あれ

Ps 122

289

エルサレムの平和を祈る
あなたを愛する者に栄えを
神の民のために祈る
そして全ての人のために
互いに愛し合い

Ps 122

290

僕が主を見るように
私は神を仰ぎ見る
我らを憐れんでください
我らは長く苦しんだ
憎しみと迫害の軛

Ps 123

291

主がともになかったなら
大水が湧き上がり
風が吹き荒れ
大地は揺れる
私は永遠に滅ぶだろう

Ps 124

主に祝福を
天使はそばにいる
私は狩人の網から
鳥のように飛び去る
錠が壊され自由に行く

Ps 124

293

憎しみの考えを
振り払い
赦しの言葉を
のべるとき
慈しみを与えてください

Ps 125

294

主がシオンに自由を与えた時
我らは夢見る人のようだった
口は笑いで満たされ舌は歌った
涙とともに種を蒔いた者は
喜びながら刈り取った

Ps 126

295

自由
水が戻った
ネゲブの
乾いた川底に
幸せだ

Ps 126

296

神が家を建てるのでなければ
我らの働きは無駄
神が町を守るのでなければ
我らに安全はない
神への愛は土台

Ps 127

幸い
幼い笑い声
かけてゆく足
賜物
天は全ての子を守る

Ps 127

298

神を愛する者は幸い
その愛は現実となる
家族とともに
友人とともに
助けが必要な者すべてに

Ps 128

299

神の祝福をあなたに
生きている限り
あなたに健康を
食卓で孫を見るまで
生きられますように

Ps 128

300

憎しみに苦しめられ
長い畝の下に
心は埋もれた
屋根の上の草のように
怒りと憎しみは枯れた

Ps 129

301

主の祝福を
あなたの上に
神の御名によって
あなたに祝福を申す
平和のうちに　アーメン

Ps 129

302

深い淵
絶望の中　私は叫ぶ
世に捨てられ
蔑まれ　拒絶され
深い所から叫ぶ

Ps 130

303

主を待ち望み
主に信頼する
私の手と心は
憎しみの傷
彼の愛は癒す

Ps 130

304

主よ 私に赦しを
あなたの賜物を使った
してはいけなかったのに
知るべきことを教えて
知るべきでないことも

Ps 131

305

私は今おだやか
母とともにいる
幼い子
幸せだ
主を信頼する

Ps 131

306

主よ　立ち上がり
安息の場にお入りください
あなたの力の箱舟(はこぶね)とともに
祭司は義をまとい
聖徒は歓びうたう

Ps 132

ここが私の場所
ここに住み続けよう
時によって聖別され
指し示されたこの場所
限りなく変わりなく永遠

Ps 132

308

見よ どれほど良いか
世界中が平和に暮らす
頭に貴重な香油
シオンの山々に露(つゆ)
永遠の命になる

Ps 133

309

主をほめたたえよ
夜　聖所に立ち
全ての僕(しもべ)
手を挙げて祝福を申す
シオンから神があなたを祝福する

Ps 134

主は恵みの雨で命を贈る
清(シン)の平野　越南(ヴェトナム)の海辺
和の山々
新羅(シンラ)の丘は新たな若さ
美麗島(フォルモサ)は美しく香(かぐわ)しい

Ps 135

311

戦争に導く憎しみを
取り除いた
軽蔑(けいべつ)された人を
愛するように教えた
主は善(よ)しとされた

Ps 135

312

神に感謝　慈しみは永遠
世界は美しい　慈しみは永遠
月と星　慈しみは永遠
地上の命　慈しみは永遠
神は愛　慈しみは永遠

Ps 136

313

バビロンの川のほとり
そこに私たちは座り
さよう
シオンを思い出し
涙を流した

Ps 137

314

柳の木に竪琴(たてごと)を掛けた
捕らえた者が
歌えという
異国の地で
どうして歌えようか

Ps 137

315

エルサレムを忘れたなら
巻物を取り上げて
舌は
上あごに
ついてしまうように

Ps 137

316

バビロンの子らよ
幸いなことだ
あなたの手をとり
ともに踊る
平和の歌で

Ps 137

317

あなたをほめたたえる
心のすべてを
あなたに捧(ささ)げる
あなたの神殿に
上げない思いはない

Ps 138

主よ　私は苦難の中を歩く
心は葛藤(かっとう)
終わりがない
あなたの右手によって
平安を与えてください

Ps 138

319

主よ あなたは私を探(さぐ)り
私を知っている
私が座るのも
立ち上がるのも知っている
私の思いを前から知る

Ps 139

言葉
私が言う
すべてあなたは知る
最初から造られ
最後までおられ

Ps 139

321

愚かに愛から逃げ去る
天で見つける
淵の底でも
朝の翼に乗れば
遥かな国の岸辺で会う

Ps 139

322

愚かに言う
闇に隠れたら
闇は闇ではない
闇は昼のよう
闇は光　神に感謝

Ps 139

323

主よ あなたに感謝
御業(みわざ)によって造られた
愛によって織り上げた
生まれた
御名を叫んだ

Ps 139

324

蛇の舌
憎しみの言葉
まむしの毒
かかとにしみる
赦せないと言うとき

Ps 140

325

熱く燃える炭火(すみび)が
上に落ち
火の中に投げ捨てられる
憐れんでください
春の雨　天から

Ps 140

326

香(こう)のように
祈りが昇る
愛するように　主よ
助けてください
優しくない言葉のないように

Ps 141

意地悪い言葉が
怒りを引き起こした
悪い言葉を捨てた
まちがい
愛の言葉だった

Ps 141

328

この暗い場所
私の叫びを聞いて
魂は弱くなり
右手には誰もいない
足かせ手かせに泣き叫ぶ

Ps 142

329

不公平なこと
稲妻で撃て
轟く声
<ruby>轟<rt>とどろ</rt></ruby>く声
壁を倒す
神よ　自由にして下さい

Ps 142

330

暗い洞窟
私の前に
灯りをともす
イスラエルよ 聞け
主なる神は唯一の神

Ps 142

331

主よ　私の祈りを聞いて
怖(おそ)れが私を追う
すべてを闇に変える
愛されていないと
生まれなければ良かったと

Ps 143

332

主よ 私の祈りを聞いて
御力で私を支えて
壊れた心が言う 皆が悪人
皆が私の死を望む
主よ 心を癒して

Ps 143

333

神戸に日が昇る
光が部屋にあふれる
毎朝　新しく
あなたの愛
神に感謝

Ps 143

334

平らな地をともに歩んで
喪に服している
突然　風がさらった
父と母と妹
平らな地をともに歩んで

Ps 143

335

主は力　ほめたたえよ
平和の道を
私の手に教える
私の指は
賛美の絃(げん)を奏(かな)でる

Ps 144

336

主よ　人とは何者か
これほど愛して
人は息の如く
日々は
影のように

Ps 144

337

主よ　新しい歌
五絃の琴
あなたの手が伸び
私を救う
主の愛を感じて笑った

Ps 144

338

神をほめたたえよ
聖なる光
永遠の神
変わることなく
サンクトゥス　ハギオス

Ps 145

339

主は情け深く
主は憐れみ深い
怒りにおそく
恵みに速い
主は愛

Ps 145

340

すべてのことに
主は義　正しく
すべての御業に
聖なる
まことに主を呼び求め

Ps 145

341

人を信じてはならない
王や総督を
教師や医師を
ポップスターや詩人を
神のみ信じよ

Ps 146

あなたは幸い
神に祈る
祈りが命
することに愛が見える
その愛を信じなさい

Ps 146

343

囚人を解放
盲人に光
倒れた者を助け
正しい者が愛され
ホームレスに避けどころ

Ps 146

344

憎しみによって繰り返し
壊され　民を失い
子どもを奴隷にされた
平和の都エルサレムよ
建て直されるように

Ps 147

345

主をほめたたえよ
カラスを養い
その翼を磨く
エボニの輝き
その鳴き声を美しくする

Ps 147

346

星を数えつくし
その名を言う
神に愛される者よ
初めにモーセ　そしてあなた
若い娘が笑う

Ps 147

347

くちばしを鳴らし
コツコツと
神は仰せになった
温かい息吹(いぶき)
水よ　流れよ

Ps 147

348

主をほめたたえよ
いと高き所で　主をたたえよ
御使いよ　主をたたえよ
日と月よ　主をたたえよ
煌(きら)めく星よ　主をたたえよ

Ps 148

349

海の上の船から
主をたたえよ
シロナガスクジラ
跳び上がるイルカ
虹をつくる　地球を愛

Ps 148

雲の中の龍(たつ)
深海(しんかい)のレビヤタン
地を震(ふる)わす象
互いに愛する
不死鳥よ　歌え

Ps 148

351

彼女は主に歌う
新しい歌
御前に踊る
タンバリンを打つ
板を踏み鳴らす

Ps 149

聖なる神をほめたたえよ
御力の天で
大きな業のゆえに
彼の愛のゆえに
息あるものは皆　主をたたえよ

Ps 150

353

光あれ
光を昼と名づけ
闇を夜と名づけ
夕べとなり朝となり
一日目があった

Gen 1.3-5

354

天に光
地の上に光
大きな光に昼を
小さな光に夜を
星も造られた

Gen 1.16

355

神に命がある
その命は皆の光
光は闇の中に輝き
闇はもう ない
真の光のために証^{あか}す

John 1.4

356

もし全て奥まで
深く理解ができても
もし全ての武器を
海に沈めても
愛がなければ悪い

1 Cor 13.2

357

すべてを施(ほどこ)しても
すべてを耐えても
赦せないなら
愛せないなら
悪いこと

1 Cor 13.3

358

愛は我慢強く
愛は親切
愛は誇らない
愛は希望を持つ
愛は終わらない

1 Cor 13.4

359

一部分しか知らない
それで十分
後ですべて明かされる
顔と顔を合わせて
光に集められる

1 Cor 13.12

都市の上に至り
水平線を捜す
橋が跳ね上がる
わが魂よ
その橋を神まで歩め

361

ともに祈る
時　深く
新しき
神の慈しみ
愛を分け合い

362

その
園に平和
心は解放
休む
知恵は無
アルファは愛

363

聞けよ
世界の人よ
歌いましょう
デウスは愛の神
憎しみの鎖を解くまで

364

喜びのうちに
心を捧(ささ)げる
主よ あなたに
ほめたたえる
私の住み家

継なぐ者　良き建設者
私の歌に力を与え
この巻から歌うように
神に栄光を与えよ
神に仕える　神は愛

祝福の言葉

平和の祝福
私たちのあいだに
私たちとともに
愛する精神によって
この世のすべての信仰を持つ人

すべてのことに
感謝
永遠の神に
アーメン

Profile

Stean Anthony

I'm British, based in Japan. I've written a series of books of poetry promoting understanding and peace. Find out more from the list at the end of this book. I have also published *Eco-Friendly Japan*, Eihosha, Tokyo (2008). *Monday Songs 1-7*, and *Eitanka 1* (pdf file textbook freely available on website – and sound files). Thanks to Yamaguchi HT for kind help. Thanks especially to Mary Paola for her patience and brilliance in this work. Thanks to MK for her good work.

New Projects
Bereshitbara (novel written in short paragraphs)
Hagios Paulos 4 (verses on the theme of Saint Paul)
Hana 2 (verses on the theme of flowers and other things)
Heiankyō 2 (translations of classic Japanese poetry)
Saint Mary 365 book 7
Sport 2 (verses on the theme of sport)
Saint Mark 339 (verses from the Gospel of Mark)

    Glory to God
               Peace on earth.
          Your love is all.
       I'm safe at last,
Made as I am.

        Love
        Send
      Healing
     Accept us
     In heaven.

Go little book
      Climb a rainbow
              Find a hand
        To link us up.
     Tell them
I love them.

神に栄光
地に平和
あなたの愛はすべて
ついに平安を得た
このように造られた私が

愛よ
癒しを送れ
我らを
天国に受け入れて

小さい本よ
虹を昇れ
手を捜し
つなぐために
その人達に言う
愛しているよ

Author's profits from this publication to be divided equally between the Jewish, Muslim and Christian communities in Jerusalem, specifically to be used for the maintenance and restoration of ancient places of worship.

Stean Anthony Books with Yamaguchi Shoten. Original poetry & translations & adaptations. Most are textbooks.

- *Selections from Shakespeare 1-5* (selected passages)
- *Great China 1-4* (transl. of classical Chinese poetry)
- *Kŏngzĭ 136* (poems based on the sayings of Confucius)
- *Manyōshū 365* (transl. of ancient Japanese poems)
- *One Hundred Poems* (poems based on the Japanese classical anthology 百人一首 *Hyakunin Isshu*)
- *Heiankyō 1* (translations of ancient Japanese poems)
- *Inorijuzu* (Buddhist & Christian words for peace)
- *Sufisongs* (poems for peace in Jerusalem)
- *Pashsongs* (songs & poems by Anthony)
- *Bird* (poems on the theme of birds)
- *Sport* (poems on the theme of sport)
- *Hana 1* (poems on the theme of flowers)

- *Songs 365* (poems based on the Psalms)
- *Songs for Islam* (poems based on verses in the Koran)
- *Isaiah Isaiah Bright Voice* (poems inspired by the Book of Isaiah)
- *Saint Paul 200* (poetic phrases from the *Letters of Paul*)
- *Hagios Paulos 1-3* (poetry based on the life and letters of Saint Paul)

- *Gospel 365* (based on the Synoptic Gospels)
- *Saint John 550* (poetic version for singing the Gospel of St John)
- *Saint John 391* (verses in Japanese from the Gospel)
- *Saint John 190* (verses in Japanese from the Catholic Letters)
- *Saint Matthew 331* (songs in Japanese from the Gospel)
- *Saint Mary 100* (poems dedicated to St Mary)
- *Saint Mary 365 Book 1-6* (calendar of poems themes relating to Mary, flowers, icons, prayer, scripture)
- *Saint Luke 132* (verse-songs in Japanese from the Gospel)

- *Messages to My Mother 1-7* (essays on faith etc)
- *Mozzicone 1-2* (essays on faith etc)
- *Monday Songs 1-7* (pdf textbooks of English songs)
- *Eitanka 1* (pdf textbook teaching poetry)
- *Psalms in English* (70 lectures in English teaching the Psalms pdf textbook). Pdf are freely available.
- *Exnihil* (novel written in short paragraphs)

SONGS 365 Japanese Edition
by Mary Paola
　　Stean Anthony

Company : Yamaguchi Shoten
Address : 4-2 Kamihate-cho, Kitashirakawa
　　　　　Sakyo-ku, Kyoto, 606-8252
　　　　　Japan
Tel. 075-781-6121
Fax. 075-705-2003

SONGS 365 Japanese Edition　　定価 本体2,000円(税別)

2018年10月20日 初 版

　　　　　編訳者　Mary　Paola
　　　　　　　　　Stean　Anthony
　　　　　発行者　山 口 ケ イ コ
　　　　　印刷所　大村印刷株式会社
　　　　　発行所　株式会社　山口書店
　　〒606-8252京都市左京区北白川上終町4-2
　　　TEL：075-781-6121　FAX：075-705-2003
　　　　出張所電話　福岡092-713-8575

ISBN 978-4-8411-0942-9　C1182
©2018 Stean Anthony